死ぬ十五分前に読む本

Toshu Fukami
深見東州

TTJ・たちばな出版

臨終のことば

アランベール　Alembert, Jean（1717〜83・10/29）フランス数学者・哲学者

——ありがとう、ここで私の眼をつぶらせてくれ——

死ぬことは
霊界へ行くことなり。

臨終のことば

在原業平（825〜880・5/28）平安朝時代歌人

――ついにくる道とはかねてききしかど　昨日今日とは思はざりしを――

「釧路湿原こんな夕陽があったのか」深見東州画

臨終のことば

アレクサンドル1世 Aleksandr I（1777～1825・12/1）ロシア皇帝

——何て美しい日なのか！——

死とは、霊界での誕生なり。

臨終のことば

アレクサンドル2世 Aleksandr II（1818〜81・3/13）ロシア皇帝

――早く中へ、死ぬために宮殿へ運べ――

「ニュージーランドのアヒルフェニックス」深見東州画

臨終のことば

飯田蝶子（1897～1972・12/26）昭和時代映画女優

――もう一度、仕事をしたいね――

しかし、あなたの心、その意識は、

生きていたときと同じように、そのまま継続する。

臨終のことば

イエス キリスト Christos, Iesous（紀元前４年頃～紀元後 30 年前後）

――すべてが終わった――

（『ヨハネによる福音書』19・30）

「五十鈴川の流れる村」深見東州画

臨終のことば

ミケランジェロ Michelangelo Buonarroti（1475〜1564・2/18） イタリア彫刻家

——この世をすぎ去るに当たって、イエス＝キリストの苦しみを記憶せよ——

心と意識には、

「私が作ったひまわり銀河」深見東州画

死も誕生もない。

臨終のことば

ルイ14世 Louis XIV（1638~1715・9/1）フランス国王

——どうして泣いたりするのか?　予《よ》が不死身だとでも思っていたのか——

臨終のことば

伊志井寛（1901〜72・4/29）昭和時代新派俳優

――俺は損するから花道を使うよ、大丈夫だよ――

地獄で救われる法

「月下カトレア美人」深見東州画

地獄へ
いってしまった時のために。

「耳なし芳一」深見東州画

臨終のことば

石田三成（1560〜1600・10/1）織豊時代武将

——柿は痰《たん》の毒だ——

臨終のことば

伊藤博文（1841～1909・10/26）明治時代政治家

――あのバカ野郎が！――

霊界へ行く前に、
必ず心掛けておくこと、
それは、
「何事があっても、
祈りを神仏に捧げる」
ということ。
この祈りの習慣のない人は、

「月夜の諏訪大社」深見東州画

まず、

「祈るのだ」

ということを覚えておこう。

臨終のことば

H・G・ウェルズ Wells. Herbert George（1866～1946・8/13）イギリス作家・思想家

――死ぬのに忙しいのでね――

臨終のことば

内田百閒（1889〜1971・4/20）昭和時代随筆作家

——何があっても取り乱しちゃいけないよ——

例えば…
こんな世界だったら…

「台風が上陸した海」深見東州画

岩石がドーッと落ちてくる。

「ウワーッ、怖い！」

そのときは、落ちてくる岩石に向かって

臨終のことば

エジソン Edison, Thomas（1847〜1931・10/18）アメリカ発明家

——あの世はとてもきれいだ——

臨終のことば

榎本健一（1904〜70・1/7）昭和時代喜劇役者

——おおい、俺もダメだよ。どうもありがとう——

あれこれ考えず まず祈ろう。

生前、何かと頭で考えるくせのあった人は、霊界へ行っても、また考えてしまう。

「今や悟らんとす」深見東州画

この岩石は何なんだ？
なぜ、落ちてくるんだ？
そんなことを考えずに
岩石に向かって

祝詞《のりと》やお経を奏上すること。

臨終のことば

エパミノンダス Epaminondas（紀元前420?～紀元前362）テバイの将軍

——いまや死ぬときがきた——

「身代わり地蔵尊」深見東州画

臨終のことば

エピクロス Epikuros〈紀元前342〔41〕～紀元前270〔71〕〉ギリシア哲学者

――よく楽しむがいい、そしてわしの教えをよく守るように――

すると、

パッと瞬間に岩石が消え、

「国常立の中に入った天之常立」深見東州画

野原や美しい景色が現われ、

神様や菩薩様が現れる。

臨終のことば

エマーソン Emerson, Ralph Waldo（1803〜82・4/27）アメリカ思想家

——わが友よ、さようなら——

「これから始まる芦ノ湖ロマン」深見東州画

臨終のことば

エリザベート Elisabeth, Amalie Eugenie（1837〜98・9/10）オーストリア皇后

——どうしたのでしょう、何ごとが起こったのかしら？——

断崖絶壁から 真っ逆さまに

「火の鳥」深見東州画

ウワーッと落ちている。

「七色の滝」深見東州画

臨終のことば

エンゲルス Enge's Friedrich（1820〜95・8/5）ドイツ社会主義者・経済学者

――死骸を火葬にして灰を川に捨ててくれ――

臨終のことば

オーエン Owen, Robert（1771〜1858・11/17） イギリス社会運動家

——救いがやってきた——

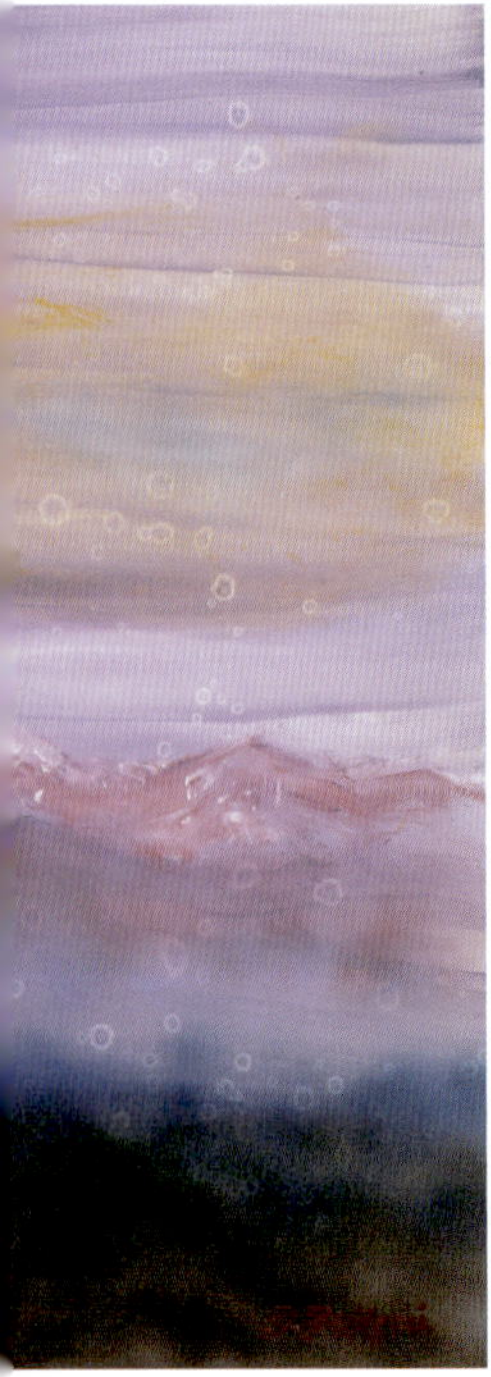

そのときは
落ちながら、目をつぶって
「高天原《たかあまはら》に神留座《かむずまりま》す。
神魯伎《かむろぎ》神魯美《かむろみ》の詔以《みこともち》て。……」

「神秘の白山連峰」深見東州画

と祈ると、

臨終のことば

大佛次郎（1897～1973・4/30）大正～昭和時代作家

――みんな親切にしてくれてありがとう、皆さんの幸福を祈ります（絶筆）――

臨終のことば

レハール Lehár, Fecenc（1870～1948・10/24）ハンガリア作曲家

――この世のことはすっかりケリをつけた……最後のときがきた

…うん、うん、かわいい子供たちよ、死がやってくる――

ふと見ると、あなたは
地面に静かに降りて
歩き始めているでしょう。

「菩薩の兄弟 陽関を行く」深見東州画

仏教の人は、
「南無観世音菩薩」か
「般若心経」か
「南無妙法蓮華経」を
必死で唱えるとよい。

臨終のことば

ワイルド Wilde, Oscar（1854～1900・11/30）イギリス劇作家・詩人
——安らかに死なせてくれる唯一の場所はカトリック教会だ——

臨終のことば

尾崎紅葉（1867～1903・10/30）明治時代作家

――死なば秋露のひむ間ぞ面白き――

生前、そうやって神仏に対する信仰心や、
危ないときに祈る習慣がない人は、
ワーッと落ちながら、「落ちたらどうなるのかな」
「ウワーッ、死ぬな、ばらばらになるな」
と考える。
考えながら落ちて行く。
こんな緊急の事態に陥ったとき、
信仰心がある人は「祈る」ことを知っている。

「厚木から見たアトム誕生日の富士」深見東州画

祈りは、天津祝詞で始めるとよい。

臨終のことば

オースティン Austen, Jane（1775〜1817・7/18）イギリス女流作家

――死にたいだけです――

臨終のことば

小汀利得（1889～1972・5/28）昭和時代評論家

――死んでも葬《とむらい》をするな。人を呼ぶな。墓もいらない――

必死で祈ること

「ゼウスが乗り移ったギリシャ人」深見東州画

「助けたまえーッ！」

と、
頭の先から血液が噴き出すぐらい、
髪の毛が逆立つぐらいの祈りを
ウワーッとする。

すると、
パッと瞬間に、
場面が変わってくるのだ…
仏教徒、キリスト教徒、イスラム教徒などは、
それなりに、一番なじみの深い祈りの句がよい。
とにかく、必死でわれを忘れて祈りに徹すること。

臨終のことば

葛飾北斎（1760〜1849・4/18）江戸時代浮世絵画家
——天がわしをもう5年間だけ生かしておいてくれたなら、
わしは真の画家になれたろうに——

臨終のことば

カドゥダル Cadoudal, Georges（1771〜86·6/25）フランス王党・反乱指導者

——何だって？　俺の死ぬときはいまじゃないか——

地獄の真っ暗なところにいるとき

真っ暗だ。

何をするにしろ、どこへ行くにしろ。

真っ暗なのだ。

臨終のことば

カーライル Carlyle, Thomas（1795～1881・2/5）イギリス評論家・歴史家

――うん、うん、これが死というものだ。やれ、やれ――

「白山の星月夜」深見東州画

臨終のことば

L・カロル Carroll, Lewis（1832〜98・1/14）イギリス童話作家・数学者

——この枕を片づけてくれ……もういらないだろう——

祝詞《のりと》を奏上する。

「白峰村の日の出」深見東州画

天津祝詞《あまつのりと》

高天原《たかあまはら》に神留座《かむずまりま》す。
神魯伎《かむろぎ》神魯美《かむろみ》の詔《みこと》以《もち》て。
皇御祖神《すめみおやかむ》伊邪那岐大神《いざなぎのおおかみ》。
筑紫《つくし》の日向《ひむか》の橘《たちばな》の小戸《をど》の阿波岐原《あわぎがはら》に
御禊祓《みそぎはら》へ給《たま》ひし時《とき》に生坐《あれませ》る祓戸《はらひど》の大神等《おおかみたち》。
諸《もろもろ》の枉事罪穢《まがごとつみけがれ》を拂《はら》ひ賜《たま》へ
清《きよ》め賜《たま》へと申《まを》す事《こと》の由《よし》を天津神国津神《あまつかみくにつかみ》。
八百萬《やほよろづ》の神等《かみたち》共《とも》に
聞食《きこしめ》せと恐《かしこ》み恐《かしこ》み申《もまを》す。

臨終のことば

ヴァグナー Wagner, Richard（1813～83・2/13）ドイツ作曲家

——妻と医者を呼んでくれ——

臨終のことば

ガンジー Gandhi, Mahatma（1869~1948・1/30）インドの聖雄

――おお神よ！――

「天照皇大御神《あまてらすすめおおみかみ》、
守りたまえ、
幸《さき》はえたまえ」

「善福寺公園上空のカラス」
深見東州画

「天照皇大御神、守りたまえ、幸はえたまえ」

と唱えると、
天照皇大御神が、光明神となって現れ出てくる。

光がバーッと入ってきて、
暗やみからパッ、と道が出てきたり、

「ああ、この道を行けばいいんだな」

と解ったりする。

天照皇大御神様が、どうしたらよいのか教えてくださる。

臨終のことば

ギボン Gibbon, Edward（1737～94・1/16） イギリス歴史家
——どうしてお前はわしを捨ててゆくのか?——

臨終のことば

殴られ、蹴られて絶叫していたら

キュリー夫人 Curie, Marie（1867〜1934・7/4）フランス物理学者・化学者

――いやです、そっとしておいてください――

そのときは鬼に、

「あなたは、あの国常立大神《くにとこたちのおおかみ》さんの息子さんたちじゃないんですか。お疲れ様です。何年ぐらいやってらっしゃるんですか」

と聞いてみる。

「いやぁー、わしゃーなぁ〜」

と言いながらも、答えてくれる。

そして、すかさず聞く。

「何年ぐらいここでやると許されるんでしょうか」

鬼は、

「おまえはこれとこれとこれをやって、こういう罪だからどうしようもない。それで体罰を与えているんだ」

そしたら、

「そこを何とかお許しいただきたいんですけれども…、私はこういういいこともしたし、ああいういいこともしました」

それでも鬼は、

「そんなことを言ってもだめだっ」

と言って、また殴るかもしれない。

臨終のことば

ゲーテ Goethe, Johann（1749〜1832・3/22）ドイツ作家・詩人
――さあ、よろい戸を開けなさい。光を、もっと光を――

ゲレルト Gellert, Christian Fürchtegott（1715〜69・12/13）ドイツ詩人

――ありがたい……まだ1時間もある――

でも鬼は、これを喜びでやっているわけではない。半分嫌々やっているのだ。これは鬼の『お務め』なのだ。主神の命《めい》により、その行為も実は愛によって満たされているのだ。

そんな鬼に向かって、殴られてもいいから、とにかく祈る。誠で祈る。謙虚に祈る。

「あなたはほんとは神さまなんだ」

「どうぞお許しくださいませ」

「打たれるなら打たれるで仕方がありませんが、少しは軽くしてくださせい。悪かったところは改めます」と鬼に向かって祈る。

そうすると、パッと見たら菩薩さまになっている。

だから、鬼だからといって怖がって逃げずに、鬼に立ち向かっていくのです。祈りと誠意と謙譲で…。

絶えず信仰心があり、
困ったときには絶えず神様に向かいながら祈っていったら、
霊界の場面はパッ、パッ…と変わっていきます。
たとえ地獄に落ちても。

臨終のことば

ゴッホ Gogh, Vincent（1853〜90・7/29）オランダ画家

——僕はこんなふうに死んでゆきたい——

「家にカエルと何が待っているか楽しみだ」
深見東州画

臨終のことば

コルト Colt, Samuel（1814〜62・1/10）アメリカの連発ピストル発明家

——もはや、これまで——

こんど、

「宇宙の果ての花畑」深見東州画

生まれてくるときのこと

臨終のことば

コロ Corot, Camille（1796〜1875・2/22）フランス画家

——わしは天国で絵が描けることを心から願っている——

臨終のことば

コロンブス Columbus Christopher（1451～1506・5/20）イタリアの航海者

――主よ、御身の手にわが魂をゆだねます――

地獄からの場合。

何でも聞いたらいい。

「何年ぐらい、ここで修行したら助かるのでしょう」

「おまえはこれとこれの罪があるから、あと三十年だ」

「わかりました。それでは私は、生まれ変わって人間界に戻ったならば、必ずや、こういうこと（自分がやりたいと思う、よきこと）、こういうこと、こういうこととのお誓いをしますので、何十年の刑期を短くしてください」

と言おう。

これを発願という。

臨終のことば

西條八十（1892～1970・8/12）昭和時代詩人

――どうも長いことありがとう――

「熊野の森から飛び立つ八咫烏」深見東州画

臨終のことば

サン シモン Saint-Simon（1760〜1825・5/19）フランス社会主義者

——未来はわれわれのものだ——

真に発願をして、約束すると、「じゃあ、わかった。おまえがそう言うのならば、この三十年のやつを十年に縮めてやるから、そのかわり、生まれ変わったら、神さまのために役に立つような道でつくすんだぞ」

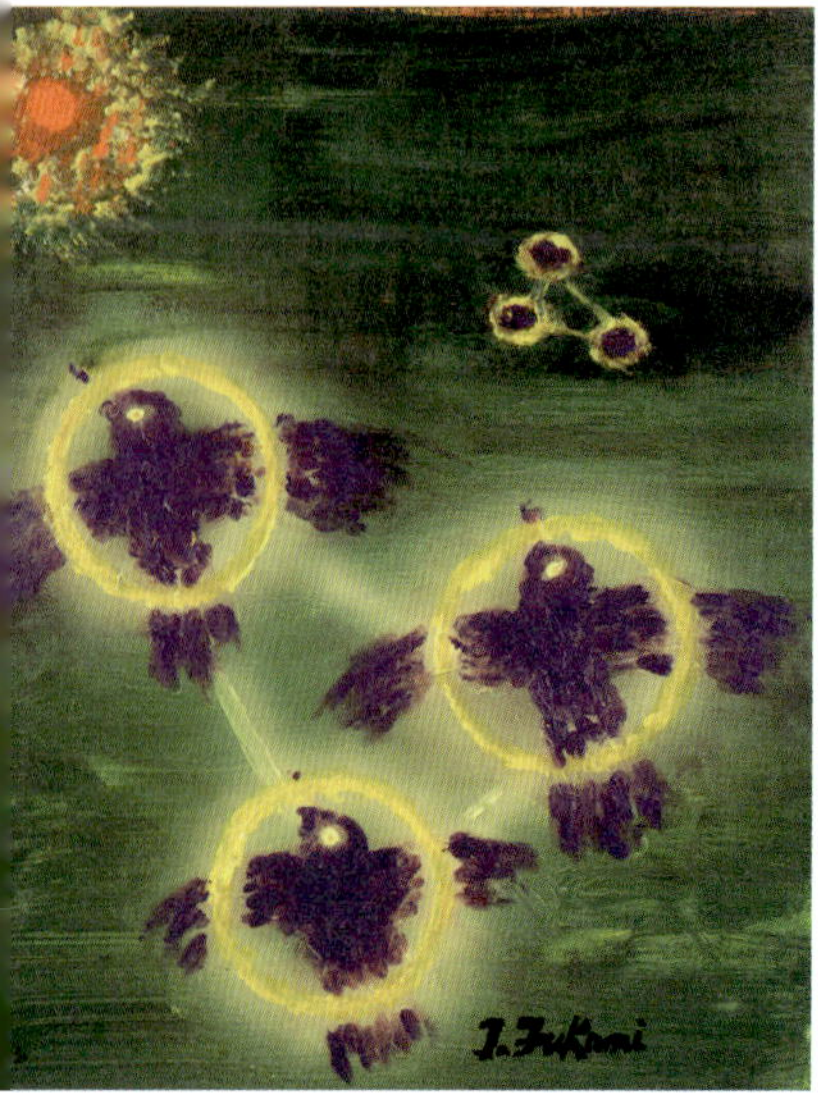

「八咫烏連合組合」深見東州画

ということで、地獄からご赦免されて生まれ変わってくることができるのです。生まれ変わることは、地獄にいた人間にとっては『楽』であり『幸』でもあります。本当に生まれ変わってくることは、大変な喜びごとなのです。それに対して、次元の高い天上界に生きる人間にとっては、生まれ変わってくることは、大変に苦しい事です。

しかし、使命感と神様の大御心に添って愛と誠と信を尽くそうという、神様への義の心があり、また人々や社会に対する愛情や献身の心で、魂を振い立たせ、勇猛の大願を発して、苦しいけれども生まれ変わってくるのです。

このように、生まれるときには、大きな二つの違いがあります。一般にはこの二つの要素が混ざり合っていると言えます。

臨終のことば

ジイド Gide, André（1869〜1951・2/19）フランス作家
——セ・ビアン（よろしい）——

臨終のことば

シスルウッド Thistlewood, Arthur（1774～1820・5/1）イギリス陰謀家

――まもなくすばらしい秘密がわかるぜ――

霊界法則

冷たいところにいるということは、自分が生前心が冷たかったということであり、多かれ少なかれエゴイストだったということです。

これは空気の法則と同じです。

冷たい空気は下に落ち、温かい空気は上に昇る。

臨終のことば

島崎藤村（1872～1943・8/22）大正～昭和初期作家・詩人

――涼しい風が吹いてくる――

「本栖湖公園雪降りて後」深見東州画

臨終のことば

ジューベル Joubert, Joseph（1754〜1824・5/4）フランスのモラリスト

——真・善・正・聖——

ですから、冷たい心の人は、心の中から温かい愛情を引き出そう。
そうして自分の心から、温かい愛情が出てきたら、
温かい心になった分だけ上へ上がっていく。
冷たい部分が温まって溶けてくる。

「どこかに春がある雪の上」深見東州画

自分の心に合ったところにしか行かないのです。

「鳴門海峡の日の出」深見東州画

明るいところと暗いところ

臨終のことば

シューベルト Schubert, Franz（1797～1828·11/19）オーストリア作曲家

——ここが、ここが私の終わりだ——

臨終のことば

東海林太郎（1898〜1972・10/4）昭和時代歌手

――1時間ばかり昼寝をします――

明るい心を持っていたら明るい霊界。
暗い心を持っていたら暗い霊界。
明るい心は、感謝する心。

「富士のご来光」深見東州画

感謝とは、目に見えざる良きものを認める心。
心の中でよきものを認め認識するがゆえに、心は明るい。
すばらしきよきものとは、明るさで表現される。
もし、暗いところに行ったら、目に見えざるよきものを認めること。
すばらしきよきものは、明るい。
その心は感謝の心。神仏への感謝がまず第一番、目上や家族など
人々への感謝が二番、自分の環境や自然への感謝が三番、健康や
幸福への感謝が四番である。
すると、エネルギッシュとはいえないが、
明るい霊光、霊明が流れ込んでくる。
目の前に、それは強く顕現する。
そしてそこには温かさもある。

臨終のことば

ショパン Chopin, Frédéric（1810〜49・10/7）ポーランド作曲家

——私の思い出にモーツァルトの曲を弾いて下さい——

臨終のことば

明るい心の実体

親鸞（1173～1262・11/28）鎌倉時代浄土真宗開祖

――其《それがし》閉眼せば賀茂河に入れて魚に与うべし――

「キャッツ」深見東州画

それは、
楽天的、
積極的、
発展的、
意欲的、
前向き、
夢と希望に燃えている、
一生懸命、体を動かしている。

臨終のことば

ダーウィン Darwin, Charles（1809~82・4/19）イギリス博物学者

——私は死ぬことをちっとも怖れてはいませんよ——

臨終のことば

ダンカン Duncan, Isadora（1877～1927・9/14）アメリカ女流バレリーナ

――さようなら友だちよ、わたしは栄光へ参ります！――

暗い心の実体

「渦巻き星雲」深見東州画

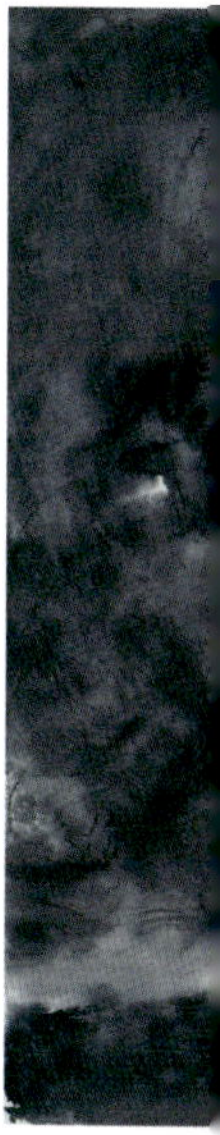

それは、
消極的、
退廃的、
繰り言、
ぼやき、
欲心、
嫉妬心、
恨み、
執着心、

臨終のことば

チャーチル Churchill, Winston（1874～1965・1/24）イギリス政治家・軍人

——もうすっかり嫌になったよ——

臨終のことば

M・トウェイン Twain, Mark（1835～1910・4/21）アメリカ作家

——さようなら、愛《いと》しい者、じゃまたね、また会えるんだから——

温かい心の実体

愛。

「バラ星雲からハートが落ちてきた」深見東州画

まごころ。

「出目金の恋」
深見東州画

これらを持てば上に行きます。

「心の通じ合う仲間たち」深見東州画

臨終のことば

トルストイ Tolstoi, Lev（1828〜1910・11/7）ロシア作家

——わしは真実を愛してる。……とても……真実を愛してる——

「イチゴみるくホワイトチョコ富士」深見東州画

愛情があり、
思いやりがある人は、
やさしい人。
温かい人。
愛情があり、思いやりがあると、上へ行く。
温かい空気は上に行き、
冷たい空気は下へ行く。

冷たいところに行ったなと思ったら

それは日ごろの、情感が冷たかったのです。
いつでも自分のことばかり考えていなかったか。
何でもお金で割り切っていなかったか。
何でも組織のためにと割り切っていなかったか。
何でも名誉のためにやると、割り切っていなかったか。
……どうでしょう、
それに気づいたら

臨終のことば

夏目漱石（1867～1916・12/9）明治～大正時代作家

――ああ苦しい、ああ苦しい、いま死んじゃ困る、いま死んじゃ困る――

臨終のことば

ハズリット Hazlitt, William（1778〜1830・9/18）イギリス評論家

——私の生涯は幸せだった——

「愛の念、愛の情が足りなかったんだ」

「バラ園に降るどしゃ降りの雨」深見東州画

と思って、そのあたりにあるものを、片っ端から慈しんでいったらいい。
『慈しむ』ということが、どういうことかわからなかったら、
こう祈るとよい。

臨終のことば

ハラー Haller, Albrecht（1708〜77・12/2）スイス生理学者・解剖学者・詩人

——いま、俺は死ぬよ——

臨終のことば

ハーン（小泉八雲）Hearn, Lafcadio（1850〜1904・9/26）イギリス文学者

――ああ、病いのために！――

「神様、どうぞこれを助けたまえ」

「どうぞ救いたまえ」

「カンボジア・プノン・バケンの夕陽」深見東州画

「どうぞ導きたまえ」
「どうぞ施したまえ」

臨終のことば

平林たい子（1905〜72・2/17）昭和時代作家

——一生懸命に生きますから、なんとか生かしてくださいよ——

臨終のことば

フィヒテ Fichte, Johann（1762～1814・1/27）ドイツ哲学者

――心配しないでくれ、もう薬はいらないよ、私はなおると思う――

特に一番暗いのは、愚痴と不平と悔み。

特に一番暗いのは、愚痴と不平と悔み。
不平と不満と愚痴というのは、ほんとうに暗い。
済んでしまったことを、
いつまでも悔んでいるのもほんとうに暗い。
口から黒い、霧みたいなものを発している。

欲、

「雌島雄島の夕月」深見東州画

金が欲しいのに得られない、これは暗い。

欲望で、戦々恐々として、

「財産取られたらどうしようか」「金がなくなったらどうしようか」

というのも欲心の裏返し。

これも暗い。

臨終のことば

フォントネル Fontenelle, Bernard（1657〜1757・1/9）フランス文人

――生きることが、むずかしいということだけしか感じない――

臨終のことば

フランクリン Franklin, Benjamin（1706〜90・4/17）アメリカ政治家・モラリスト

――死にかかっている者には、何ごとをするのもたいへんなんだよ――

嫉妬心も暗い。

『明るい御心で嫉妬している』ことはあり得ないように。

「宇宙物語・金色夜叉」深見東州画

それから
恨み。

「コブラとトカゲの一騎打ち」深見東州画

『人を恨みながら、随分伸びやかで明るい』
ということはない。
恨みの心というのは暗い。

臨終のことば

聖フランチェスコ Francesco（1181〔82〕～1226・10/3）イタリア聖職者
――わが妹、死よ、よくぞきた、よくぞきた――

E・ブラウニング Browning, Elizabeth（1806〜61・6/29）イギリス女流詩人

——美しいわ！——

暗いところにいるということは、
そういう精神状態に居るということです。
暗くなる要因になることを考えず、
明るい精神状態になるように努力すると、
ある瞬間に、パッと明るい霊界に行きます。
心が改心できたら、
瞬時のうちに、心の条件に合った霊界に行きます。
一瞬のうちに。

重苦しさ

重いのは、思いがあるから、重いのです。

「嵐の怒り、しばし収まる夜明け」深見東州画

臨終のことば

フンボルト Humboldt, Alexander（1769〜1859・5/6）ドイツ自然科学者・地理学者

——おお、この大いなる光線よ！
これらは大地を天国に誘っているもののように見える——

臨終のことば

思いとは、すなわち執着心

ペタン Pétain, Henri（1856～1951・7/23）フランス軍人・政治家

――泣くでない、嘆くんじゃない――

「ライバルを蹴落としたタツノオトシゴの恋」深見東州画

執着心とは、

例えば、
土地、財産、地位、名誉への執着心、
あとに残した妻、子供、親戚縁者、恋人への執着心。

また例えば、
早死《はやじ》にした人、事故死した人の執着心とは…。
「もうちょっと自分が注意しておけば、死ななくて済んだのに」
と、不注意で事故で死んだことを悔やむ。

臨終のことば

ベートーヴェン Beethoven, Ludwig（1770〜1827・3/26）ドイツ作曲家
——遅すぎた、あまりにも遅すぎた！——

臨終のことば

ヘルダー Herder, Johann Gottfried（1744～1803·12/18）ドイツ文人

――友よ、私のもっとも親しい友よ、
もしできたら、どうか私の命をもう少し延ばしてくれたまえ――

「子供もいたんだ…」

「あれもしなきゃならなかったのに……」

「命があったらあれもやりたかったのに……」

例えば、
病気で死んだひとの命に対する執着心。

ガン、結核、脳溢血。

「病気にさえならなかったら、あれもできたのに」

この思いも重い。

それから、
おばあちゃんが息子のことを心配している。
心配の念も思いで、重い。
だから

「猪苗代湖の茜雲」深見東州画

臨終のことば

P・ヘンリー Henry, Patrick（1736～99・6/6）アメリカ政治学者・雄弁家

――このように苦しまずに死ぬことをお赦しくださった親切な神に感謝を捧げます――

臨終のことば

ポー Poe, Edgar Allan（1809〜49・10/7）アメリカ作家・詩人

——主よ、わたしの憐れな魂をお救いください——

般若心経は、

「見たり聞いたりしたものは何もない。何もないと思うことも何もないぐらい何もない。だから、この現実界で見たり聞いたりしたことの執着を一切捨てて、此の岸から彼の岸へと渡るんだ。さあさあ渡れ、さあ渡れ！」と説いている。

臨終のことば

ホッブズ Hobbes, Thomas（1588～1679・12/4）イギリス哲学者

――私は喜んでこの世からはい出す穴を見つけよう――

「月明かりで目覚める睡蓮たち」深見東州画

W・ホフマン Hoffmann, Theodor Wilhelm（1776~1822・6/25）ドイツ作家・司法官・音楽家

――ほんの少し、神のことを考えなくちゃならぬときがきた――

摩訶《まか》般若《はんにゃ》波羅蜜多《はらみった》心経《しんぎょう》
観自在《かんじざい》菩薩《ぼさつ》　行深《ぎょうじん》般若《はんにゃ》波羅蜜多《はらみった》時《じ》　照見五《しょうけんご》
蘊皆空《うんかいくう》　度一切《どいっさい》苦厄《くやく》　舎利子《しゃりし》　色不異空《しきふいくう》
空不異色《くうふいしき》　色即是空《しきそくぜくう》　空即是色《くうそくぜしき》　受想行識《じゅそうぎょうしき》
亦復如是《やくぶにょぜ》　舎利子《しゃりし》　是諸法空相《ぜしょほうくうそう》　不生不滅《ふしょうふめつ》
不垢不浄《ふくふじょう》　不増不減《ふぞうふげん》　是故空中無色《ぜこくうちゅうむしき》　無受《むじゅ》
想行識《そうぎょうしき》　無眼耳鼻舌身意《むげんにびぜっしんに》　無色声香味触法《むしきしょうこうみそくほう》
無眼界乃至無意識界《むげんかいないしむいしきかい》　無無明亦無無明尽《むむみょうやくむむみょうじん》
乃至無老死《ないしむろうし》　亦無老死尽《やくむろうしじん》　無苦集滅道《むくしゅうめつどう》

無《む》智《ち》亦《やく》無《む》得《とく》　以《い》無《む》所《しょ》得《とく》故《こ》　菩《ぼ》提《だい》薩《さっ》埵《た》　依《え》般《はん》若《にゃ》
波《は》羅《ら》蜜《みっ》多《た》故《こ》　心《しん》無《む》罣《けい》礙《げ》　無《む》罣《けい》礙《げ》故《こ》　無《む》有《う》恐《く》怖《ふ》
遠《おん》離《り》一《いっ》切《さい》顚《てん》倒《どう》夢《む》想《そう》　究《く》竟《きょう》涅《ね》槃《はん》　三《さん》世《ぜ》諸《しょ》仏《ぶつ》
依《え》般《はん》若《にゃ》波《は》羅《ら》蜜《みっ》多《た》故《こ》　得《とく》阿《あ》耨《のく》多《た》羅《ら》三《さん》藐《みゃく》三《さん》菩《ぼ》提《だい》
故《こ》知《ち》般《はん》若《にゃ》波《は》羅《ら》蜜《みっ》多《た》　是《ぜ》大《だい》神《じん》呪《しゅ》　是《ぜ》大《だい》明《みょう》呪《しゅ》
是《ぜ》無《む》上《じょう》呪《しゅ》　是《ぜ》無《む》等《とう》等《どう》呪《しゅ》　能《のう》除《じょ》一《いっ》切《さい》苦《く》　真《しん》実《じつ》
不《ふ》虚《こ》　故《こ》説《せつ》般《はん》若《にゃ》波《は》羅《ら》蜜《みっ》多《た》呪《しゅ》　即《そく》説《せつ》呪《しゅ》曰《わっ》
羯《ぎゃ》諦《てい》羯《ぎゃ》諦《てい》　波《は》羅《ら》羯《ぎゃ》諦《てい》　波《は》羅《ら》僧《そう》羯《ぎゃ》諦《てい》　菩《ぼ》提《じ》薩《そ》
婆《わ》訶《か》　般《はん》若《にゃ》心《しん》経《ぎょう》

ポンパドゥール夫人 Pompadour, Madame（1721～64・4/15）フランスのルイ15世愛人

――神父様、もう少し長生きしていっしょに逝きましょうよ――

臨終のことば

松内則三（1890～1972・1/31）昭和時代ＮＨＫアナウンサー

――家に帰りたい――

般若心経をどんなにあげても、般若心経の説いているような心にならなければ、真に救われはしない。般若心経の意味とはそういうことなのだ。

「この今、見たり聞いたりしているものというのは、皆、仮の姿であってやがて滅び去っていくもの。だから、永遠に変わらない実相を見なきゃいけない。肉体がなくなっても永遠に変わらないもの、真実なるものを見るのだ」という意味を真に深く悟らねばならない。

そうして、この世の執着心がなくなると、
思いがなくなるから、心が軽やかになって、
バーッと上へ上がってくる。

おばあちゃんのことが心配、
後に残した子供のことが心配…。
こんな、心配な思いも全部捨てる。

臨終のことば

松永安左エ門（1875〜1971・6/16）大正〜昭和時代実業家

――ヤマがきましたね――

臨終のことば

マラ Marat, Jean Paul（1743〜93・7/13）フランス革命家

——助けてくれ、お前！　助けてくれ！——

「まあ、おばあちゃんにも子供にも、それぞれの守護霊、守護神、御魂の力もあるから、何とかなるだろう。自分は自分で、あの世へ行って、また新しい人生を送るんだ」と思う。

そう思ったら、心が軽くてさっぱりする。

心が軽やかでさわやかになるから、スーッと上へ昇ってゆく。

上とは、明るくて暖かい極楽のような所です。

「青進」深見東州画

財産、名誉、地位の執着
後に残した人の心配
早死にした、事故死、変死、病死したことの悔やみ
こういう思いを一切残さなければ、心は軽い。
心が軽いと御霊《みたま》が軽いので、上へすいすいと上がって行く。

臨終のことば

ミュッセ Musset, Louis（1810～57・5/2）フランス詩人・劇作家

――眠れ！　やっと私は眠れる――

臨終のことば

S・ミル Mill, John Stuart（1806〜73・5/8）イギリス経済学者

——私の仕事は終わったのだ——

天国

温かい、明るい、軽い
この三つを持っていたら、
だれだって天国へ行ける。

冷たくて、暗くて、重たい
という思いがあると、
だれもが地獄に落ちる。

「コロボックルのすむ山」深見東州画

臨終のことば

メンデルスゾーン Mendelssohn, Felix（1809～47・11/4）ドイツ作曲家

——疲れてる、とても疲れてる——

臨終のことば

モリエール Molière（1622〜73・2/17）フランス喜劇作家

——静かに、妻を呼んでくれ——

自分が死んだとき、体が重たかったら、それは自分が思いを持っているからです。三次元のこの世というものの、積もり積もった思いが…。心や霊界には、こういう法則性があるのです。

体が重たくなったら、
祝詞を奏上する。
般若心経を覚えている人なら、般若心経を唱える。
そして、全てを忘れようとするべし。

「ハルピンの夕陽」
深見東州画

どん底の地獄へ行ったとき
こんなときは、

南無阿弥陀仏。

血の池地獄、阿鼻叫喚《あびきょうかん》地獄、極寒地獄。
こんな、地獄のどん底に落ちたときには、もう南無阿弥陀仏。
阿弥陀如来様が無条件で助けてくれる。
ただし、祈って祈って祈って、すがり切らなければだめ。

臨終のことば

ユーゴ Hugo, Victor（1802～85・5/22）フランス作家・詩人

――さようなら、ジャンヌ！――

臨終のことば

ラブレー Rabelais, François（1484〜1553・4/9）フランス聖職者・人文学者・医学者

――カーテンをおろせ、道化芝居は終わった――

「曾火の鳥〜火の鳥の曾孫が太陽に向かって飛び立っていく〜」深見東州画

最高の死に方を用意しよう

「東州達磨」深見東州画

ローレンス Lawrence, David Herbert（1885〜1930・3/2）イギリス作家

——私はいま気分がいい——

ルイス Lewis, Sinclair（1885～1951·1/10）アメリカ作家

――アレックス、お願いだ、助けてくれ、わたしは死ぬ――

☆白隠禅師の場合

「カーツッ」と大声で喝を叫んで死んだ。今死ぬのかという、その分別の知恵に「カーツッ」お坊さんでは、白隠禅師が最高だ。

白隠　一六八六～一七六八（貞亨二～明和五）江戸時代中期の禅僧で、日本臨済宗の中興の祖。号を鵠林《こくりん》、諱《いみな》は慧鶴《えかく》という、駿河国《するがのくに》の人。一六九九年（元禄一二）郷里の松蔭《しょういん》寺で単嶺について出家し、のち諸国を遊歴し、沼津の大聖寺息道、美濃大垣の瑞雲《ずいうん》寺馬翁、伊予松山の正宗寺逸禅などの諸師について学んだ。名刹を好まず、終生田舎の貧乏寺に住し、説法や著作を通じて民衆の教化につとめた。著書に《語録》（一〇三巻）をはじめとして、《槐安《かいあん》国語》《遠羅天釜《おらてがま》》《夜船閑話》などのほか、自伝の《壁生草《いつまでぐさ》》があり余技の墨画は独自の画境を示す。

☆小泉太志命先生の場合

死ぬ前に、

「天地《あめつち》初めて發《ひら》けしとき、……　高天原に成れる神の名は……」

と、『古事記』の天地開闢《かいびゃく》の節のところを最初からつぶやきながら亡くなっていった。

立派です。

臨終のときに、天地《あめつち》の始まりの原点に帰っていった。

小泉太志命　昭和の神人と呼ばれた神道界の重鎮である。皇室に降りかかる災難を断ち切るべく、毎日数千回も真剣を振り続けたという方である。その透徹した境地を敬って、多くの著名人や神霊家たちが小泉先生を師と仰いだと言う。

臨終のことば

ルナン Renan, Ernest（1823〜92・10/12）フランス宗教史家・思想家

——アクロポリスの上から、あの太陽を取り去れ！——

ラシーヌ Racine, Jean Baptiste（1639〜99・4/21）フランス悲劇詩人
——あなたよりも先に死ぬのは、私にとって一つの幸せだと思います——

☆五味康祐さんの場合

「死ぬのは嫌だ、死ぬのは嫌だ、死ぬのは嫌だ、死ぬのは嫌だ」と最後まで言い続けて死んだ。（満五十八歳）

五味康祐さんは、自分には早死にの相があるから、と髭を生やしていた。変わった人で、「ちょっと待て」と友達に言って、横断歩道のところにおしっこしたりして…。「自然は待てない」と。そしてまた別の所にサーッとやったりするもんだから、友達が「もうおまえとは一緒に歩くのは嫌だ」ということになった。人間が、むちゃくちゃ変わっている。

☆楠木正成、楠木正季の場合
「七度生まれて、国に報いん」

☆岡田茂吉さんの場合
秀吉みたいで、

「この世のことは、すべてが夢のまた夢」

何を思ったのだろう。

☆出口王仁三郎の場合
「ああ、疲れた、そろそろ休むわ」

と言って、パッと亡くなった。

B・ラッセル Russell, Bertrand（1872〜1970・2/2）イギリス評論家・哲学者・数学者
——遺骨と灰は家内の選ぶところにまき散らして欲しい——

T・ルーズヴェルト Roosevelt, Theodore（1858〜1919・1/6）アメリカ26代大統領

――どうぞ光を消して下さい――

格好いい臨終の言葉をつくろう

「カーッッ」と言って死んだら格好いいが、誰でも「カーッッ」と言えばいいわけではない。最後の言葉は、大事だ。

今から準備しておこう。

最後はいつ来るかわからない。あらかじめ準備をしておいたほうがいい。

平安時代の短歌の習慣を見習おう。

恋人ができたとき、さっといい歌を出すために、あらかじめ、恋人ができる前にいい歌をつくっておくのです。会ってからじゃ、いい歌を作るなど、とてもできないから。和歌をタイミングよく、すぐ出さなきゃいけないのだから。

恋人ができたら今度はすぐに、その人のことを思いながら、別れの和歌を作り始める。そして別れる瞬間に、さっとタイミングよく出す。そうすると、「あぁ～」とお互いが感慨深く、味わい深い、恋の物語を作り、美しく完結させることができる。悲しみの中にも、芸術があり、感動がある。あたかも、その日につくったかのごとく、作っておいた別れの歌を、いざ別れるそのタイミングに、瞬間にさっと出す。

平安時代、これが大変おしゃれだった。

臨終のことば

ルノアール Renoir, Auguste（1841～1919・12/3）フランス画家
――まだわしは進歩している――

臨終のことば

レスピナス夫人 Lespinasse, Madame（1732〜76・5/23）フランス社交界花形

――わたしは、まだ生きているの?――

オーソドックスには、

「皆様、お世話になりました。ありがとうございました」

あたかも、死に臨んだそのときに、パッと思いついて言い残したと思われるかもしれない。

そんな決め言葉を準備して生きよう。

深見東州氏の活動についてのお問い合わせは、下記までお願いいたします。
また、無料パンフレット（郵送料も無料）が請求できます。ご利用ください。

お問い合わせ　フリーダイヤル
0120 - 507 - 837

◎ワールドメイト

東京本部	TEL 03-3247-6781
関西本部	TEL 0797-31-5662
札幌	TEL 011-864-9522
仙台	TEL 022-722-8671
東京（新宿）	TEL 03-5321-6861
名古屋	TEL 052-973-9078
岐阜	TEL 058-212-3061
大阪（心斎橋）	TEL 06-6241-8113
大阪（森の宮）	TEL 06-6966-9818
高松	TEL 087-831-4131
福岡	TEL 092-474-0208

◎ホームページ
https://www.worldmate.or.jp

深見東州
(ふかみ とうしゅう)
プロフィール

本名、半田晴久。別名 戸渡阿見《ととあみ》。1951年に、甲子園球場近くで生まれる。㈱菱法律・経済・政治研究所所長。宗教法人ワールドメイト責任役員代表。

著作は、191万部を突破した『強運』をはじめ、ビジネス書や画集、文芸書やネアカ・スピリチュアル本を含め、320冊を越える。CDは112本、DVDは45本、書画は3634点。テレビやラジオの、コメンテーターとしても知られる。

その他、スポーツ、芸術、福祉、宗教、文芸、経営、教育、サミット開催など、活動は多岐にわたる。それで、「現代のルネッサンスマン」と呼ばれる。しかし、これらの活動目的は、「人々を幸せにし、より良くし、社会をより良くする」ことである。それ以外になく、それを死ぬまで続けるだけである。

海外では、「相撲以外は何でもできる日本人」と、紹介される事がある。しかし、本人は「明るく、楽しく、面白い日本人」でいいと思っている。

(2024年3月現在)

本書は、平成七年十月に弊社より発刊された
「死ぬ十五分前に読む本」を再編集したものです。

死ぬ十五分前に読む本

平成二十六年二月二十二日　初版第一刷発行
令和　六　年七月三十一日　初版第七刷発行

著　者　深見東州
発行人　杉田百帆
発行所　株式会社　TTJ・たちばな出版
〒167-0053
東京都杉並区西荻南二丁目二〇番九号
たちばな出版ビル
電話　〇三-五九四一-二三四一（代）
FAX　〇三-五九四一-二三四八
ホームページ　https://www.tachibana-inc.co.jp/

印刷・製本　シナノ印刷株式会社

ISBN978-4-8133-2487-4

スーパー開運シリーズ

各定価（本体1000円＋税）

強運

●191万部突破のミラクル開運書―ツキを呼び込む四原則

深見東州

あなたの運がどんどんよくなる！

仕事運、健康運、金銭運、恋愛運、学問運が爆発的に開ける。神界ロゴマーク22個を収録！

大金運

●85万部突破の金運の開運書。金運を呼ぶ秘伝公開！

深見東州

あなたを成功させる、金運が爆発的に開けるノウハウ満載！「金運を呼ぶ絵」付き!!

神界からの神通力

●40万部突破。ついに明かされた神霊界の真の姿！

深見東州

不運の原因を根本から明かした大ヒット作。
これほど詳しく霊界を解いた本はない。

神霊界

●30万部突破。現実界を支配する法則をつかむ

深見東州

人生の本義とは何か。
霊界を把握し、真に強運になるための奥義の根本を伝授。

大天運

●40万部突破。あなた自身の幸せを呼ぶ天運招来の極意

深見東州

今まで誰も明かさなかった幸せの法則。
最高の幸運を手にする大原則とは！

●29万部突破。守護霊を味方にすれば、爆発的に運がひらける！

大創運

深見東州

神霊界の法則を知れば、あなたも自分で運を創ることができる。ビジネス、健康、受験、豊かな生活など項目別テクニックで幸せをつかもう。

●46万部突破。瞬間に開運できる！　運勢が変わる！

大除霊

深見東州

まったく新しい運命強化法！　マイナス霊をとりはらえば、あしたからラッキーの連続！

●61万部突破。あなたを強運にする！　良縁を呼び込む！

恋の守護霊

深見東州

恋愛運、結婚運、家庭運が、爆発的に開ける！「恋したい人」に贈る一冊。

●46万部突破。史上最強の運命術

絶対運

深見東州

他力と自力をどう融合させるか、究極の強運を獲得する方法を詳しく説いた、運命術の最高峰！

●46万部突破。必ず願いがかなう神社参りの極意

神社で奇跡の開運

深見東州

あらゆる願いごとは、この神社でかなう！　神だのみの秘伝満載！　神社和歌、開運守護絵馬付き。

●スーパー開運シリーズ　新装版

運命とは、変えられるものです！

深見東州

運命の本質とメカニズムを明らかにし、ゆきづまっているあなたを急速な開運に導く！